日々、機微。

積み重ねた時間がつむぐ "あなたらしい" 暮らし

JN070447

SEKISUI HOUSE　life knit design project

Contents

prologue

ふとした瞬間によみがえる
家族の思い出や記憶は、
人生の大半を占める
なにげない日常の中にこそたくさんある。

そして、
そんな日々の機微が、積み重ねた月日が
愛着を感じられる
心地のよい居場所をつくっていくのかもしれない。

これから過ごしていく時間が、
あなただけの価値へと変わっていく暮らしへ。

日々、機微。

chapter

1

暮らし方は、
人の数だけあっていい。

一歩足を踏み込むと感じる
その人の、その家族の暮らしぶり。
ひとつとして、同じものはない。
そのどれもが、らしさに満ちている。
人の数だけ、
いろいろな暮らしがある。

ワクワクするような
長いアプローチ

life knit story **1**

気づけばそこに、
笑い声。

〜駆けまわりたくなる家〜

奈良県U邸

夫・妻・長男／3人暮らし

エントランスから視線を真っすぐのばせば
その先には広々とした庭。
漂ってくる温かな空気感と笑い声に誘われ
まるで家主に手をとってもらっているかのように
奥へ奥へ、自然と足が進みます。
家からグリーンのパノラマへとつながって
いるような感覚に陥る開放感に溢れた空間は、
子どもでなくとも駆け回りたくなる衝動が。
どこにいてもほっと一息つける、
笑顔に満ちた家には
ご友人たちが"また遊びに行きたくなる"と
口をそろえて言う
納得の心地よさがあるのです。

SHOES-IN CLOAK

PANTRY APPROACH

LDK

部屋から庭へ。
思い切り走り回れる
広々とした空間

長い土間はエントランスと庭をつなぐ
美しい設計の要でありながら趣味の
道具置き場であり、時には遊び場、
時にはオンとオフの切り替わる場に。

間仕切りのない広い空間。ダイニ
ングテーブルでの目線とソファに座った
ときの目線の高さがバランスよく、室
内でのつながりを感じさせます。

　　　　　暮らし方は、人の数だけあっていい。

庭をすてきに
活用するヒント

春は桜、秋は紅葉を愛でられる庭。デッキではBBQを楽しんだり、
七輪でおつまみを焼きながらお酒片手に夫婦で語り合ったり……。
暖かい季節には庭にテントを張っておうちキャンプをすることも。

森や庭の木と共に
暮らしを重ねる

上・「森に住みたい」と
いう思いをかなえてくれ
たのが、周囲の豊かな
緑。下・「コロナ禍をきっ
かけに野菜などを育て始
めました。先日はレモン
の木を植えたんです。今
後、いろいろな木を増や
していきたいですね」

子どもの作品を
アートに

家のさまざまな場所に大
切に飾られた息子さんの
絵。キッチンの真正面の
壁にかけられた額入りの
作品は、妻のリエコさん
が家事をしている際、ふ
と顔をあげると自然と目
に飛び込んできて、一瞬
で心が癒やされるそう。

大勢にも一人にもぴったりのダイニング

夫のマサオさんは朝早く起きて一人コーヒーを飲むのが至福の時間、と話します。薄暗い時間にともすヤコブソンランプの灯りは、焚き火をしているような温かな気分になれるそう。

手伝いたくなるキッチン

ダイニングテーブルの延長線上にあるキッチンはお皿を運びやすく、家族や友人たちが自然と準備を手伝いたくなる配置。家族みんなで食事の準備をすることも増えたとリエコさん。

　　　　　　　　暮らし方は、人の数だけあっていい。

「この家を建てるとき、リビングやダイニングは何畳、なんていうことはあまり頭になかったんです。とにかくあの家具を置ける空間が欲しいっていう気持ちが強くて……」

それほどまでにマサオさんが惚れ込んだ家具とはTRUCK FURNITUREのもの。高校生のときに出会って衝撃を受けて以来、いつか家を建てるならこれを、とずっと憧れを抱いてきたそう。

そんなテーブルやソファの大きさに合わせて設計した結果、自然と広くとることとなったLDK。余裕のある空間には、人が多く集まることもいつしか増えていったといいます。初めて訪れた人も思い思いの居場所を見つけられ、気兼ねなく長居したくなるのは、広さだけではなく、

Uさんの日々、機微。

1 この絵のための黄色い壁

ハワイで結婚式をした際にご夫婦で一目惚れしたヘザー・ブラウンのアートを主役にした寝室は、壁を温かみのあるイエローに。エシレバターの木箱とバターナイフでつくられたライトはリエコさんが見つけてきたもの。

2 アートはSNSで気軽に購入

時間を見つけてはインテリアやアートのSNSをのぞいているというマサオさん。有名無名にとらわれることなく、さまざまな国から自分の"好き"だけを追求して厳選したアートたちに囲まれ、一層幸せに満ちた日常に。

3 名作椅子と照明で特別なコーナーを

リビングの一角にはハンス・J・ウェグナーがデザインしたYチェアと、お気に入りの店で見つけたアメリカのアンティークライトが。"好き"を贅沢に表現したコーナーを設けることで、インテリアに深みを感じさせる空間に。

座り心地のよい椅子やソファが点在するインテリア、さらには家の中からテラス、庭へとつながる開放感があるからではないでしょうか。

「周囲の野山からウサギやイノシシも訪れ、植物たちで四季の移り変わりを知り、朝は鳥の、夜は虫の鳴く声が聞こえてくる。そんな最高の贅沢をかみ締められるこの立地は自慢のひとつ。また、庭と家との境界線を感じさせないことは、いつか森のような場所に住みたい、と考えていた私たちにとってかなえたいことのひとつでした」と語るリエコさん。深い軒があるウッドデッキで、まるでリビングにいるかのように座って雑誌を読んだりお茶を飲んだり。広い森のような庭を息子さんやお友達が駆け回る姿もよく見る光景です。「子どもが周りを気にせず思い切り走ったり、虫を探したりする

姿を眺めていると幸せな気持になりますね。この庭に親戚一同が集って、餅つきをしたこともあるんですよ」

みんなで集まるときに、じゃあU家にしようとなるとなんだかうれしいというご夫婦。思い入れのあるデザイン家具がいくつも置かれているにもかかわらず、訪れた人に緊張感を与えずウエルカムムードが漂います。「ピカピカに新しい、ということにあまり興味がないんです。このダイニングテーブルも、ペンの跡や油染みがついたり、傷がついたり……でもそれがまた味になるし、会話のきっかけにもなる。僕たちだけのものへと育っていく感覚に愛着を感じます」。笑い声の絶えない最大の秘密は、日常のどんな出来事も大切にしていきたいという考えにあるようです。

4 子どもの成長は
家が育つことと同じ

息子さんの成長が色とりどりのマスキングテープに記録された微笑ましい廊下の壁。共に年月を重ねながら家族が少しずつ育っていく様子を楽しむためのアクセントは、大好きな家への愛着が、さらに増すポイントに。

5 長い土間には
趣味のサーフボード

共通の趣味はサーフィン。サーフボードをすてきに置ける場所を、というのも設計士へお願いしたことのひとつ。土間には息子さんのBMX、リエコさんの観葉植物、マサオさんのアートコレクションと各々の"好き"が集合。

6 インテリアのイメージは
一枚のお皿から

奈良にあるお店で偶然出会い、器を集め始めるきっかけとなったのが、兵庫県でつくられたこのお皿。こんな器の似合う空間をつくりたいと、今の家のインテリアのインスピレーション源のひとつにもなったそう。

好きなものに、囲まれて。

~こだわりだけを集めた家~

宮城県K邸

夫・妻・長女／3人暮らし

洋服やアクセサリーが大好きという
夫のナオアキさんが学生時代からコツコツと
集めてきたファッションアイテムは、
愛着のあるものばかり。
大切なモノたちを一つひとつ
丁寧に愛でることを追求した家は
好きなものに囲まれる喜びはもちろん
家族の豊かな時間をつくることとなりました。
玄関の扉を開けた途端、誰もが
おしゃれな洋服屋さんに間違えて入ったのではと
驚いてしまうほど、圧倒的な世界観。
これまでの経験やアイデアと、プロの意見を駆使し、
家族みんなの手でつくり上げた家には
至るところに"愛着"が埋め込まれています。

2階はハンモックを吊るせる大空間

玄関を開ければ、
そこはクローゼット

FAMILY CLOSET

LAUNDRY

1F

2F

LDK

玄関扉を開けると、すぐに広がるファ
ミリークローゼット。手前の「玄関ス
ペースからの目線を重視し、ペンダン
トの高さなどのバランスを考えました」

家族みんなのお気に入りとなった階
段。幅を広くとったことで、2階に上
がりやすくなっただけでなく、座ってく
つろげる居場所として大切な存在に。

コレクションしている
ヴィンテージの服

昔から洋服好きだというナオアキさんのコレクションはほとんどが
ヴィンテージ。足繁く通うヴィンテージショップのインスピレーション
を源にしてつくったクローゼットスペースは、お店と見紛う雰囲気。

家族みんなのクローゼットで
服の共有も楽しめる

お店顔負けの広さと雰
囲気のなか、お買い物
に来ているかのように
「これいいんじゃない?」
と家族で盛り上がる光
景も。「夫婦で服を兼用
することが増えました。
将来は娘とも、なんてい
う夢も広がりますね」

ハンガーラックや
棚は自分の手で理想を追求

服の収納家具はナオア
キさん作。「レザーなど重
い服が多く通常のハン
ガーパイプだとしなってし
まうので、古着屋さんを
ヒントにガス管を使用。
棚は足場板古材でつく
り、ワックスを塗り、雰
囲気をマッチさせました」

カウンター外側には、ヴィンテージショップで探したチェアを。L字型のカウンターのつかず離れずの距離感が家族やゲストとの親密さを生み、リラックスした会話ができるそう。

とことん探して見つけた 味わいのあるチェア

家族の目線がそろう L字型カウンター

左・キッチンの位置を一段下げることにより、テーブルについている家族と目線が同じ高さに。「振り向けば自然と目が合うようになって、家族との会話が段違いに増えました」。右・広々としたリビングでは、娘さんが大きな鏡の前でチアリーディングの練習も。

高台の立地 ならではの 景色が心地よい

「コーヒーやビールを片手に、バルコニーへ出て外を眺める時間は、格別。天気のよい朝に水平線まで見える景色も気持ちいいですが、夜景が本当にきれい。外に出かける回数もグッと減りました」

Kさんの日々、機微。
───

心ときめくものを好みの空間に好きなだけ置く。そんな夢をわが家で実現させたのがナオアキさん。学生時代から少しずつ集めてきた大切な洋服を、家族それぞれの洋服とともに1階に集結させて、ファミリーみんなで使えるクローゼットとしたことは、日常の幸せな時間を増やしたと共に機能面でも便利になり、本当に正解だったと、ご夫婦は口をそろえておっしゃいます。「以前のような畳んだものがソファに置いてあったり、脱ぎっぱなしのシャツが落ちていたりなんていうことも今は一切なし。衣替えも、服を持って階を行き来する必要もない。クローゼットの奥には洗濯機や物干しを置いて洋服関連が1階ですべて完結するようにしたので、すべてが家事の時短にもつながり、本当にいいこと尽くしで

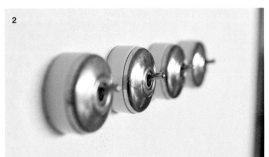

1 アンティークミラーが映える洗面カウンター

各階にある洗面室は気分を変えて楽しめるよう、違う個性を感じさせる仕上がりに。「アンティークミラーをつけたかったので、それと雰囲気がマッチするようにタイルや洗面カウンターを選びました」

2 空間のアクセントとなるトグルスイッチ

リビングの照明スイッチはナオアキさんの憧れのひとつだった真鍮のトグルタイプをセレクト。あえて横に4つ並べて存在感を演出。「スイッチするたびにパチッと鳴る独特の感触はクセになってしまいそうなほど好きです」

3 家族全員でオイルを塗った壁材

「ウォールナットの無垢材を使った壁のウッドタイルは、マスターウォールのもの。一つひとつ家族でオイルを塗り込みました」。プロが凹凸や色味まで考慮して貼ってくれたというウッドパネルは、今や家族みんなのよき思い出。

す」と妻のサチエさん。「一目で分かるようになって、こんな服あったんだ！ということがなくなりました。何がどれくらいの数あるか分かるので、似たようなものを持ちすぎていたら整理する、というのも簡単。新たに買う量も随分減ったと思います」とナオアキさんも微笑みます。

1階には、他にもナオアキさんの「好き」が詰め込まれています。「このスペースは出会ったときから今まで影響を受け続けている、ある古着屋さんからヒントを得たものばかり。仲良くさせていただいていることもあり、服だけでなくさまざまなジャンルのアンティークの魅力を教えてもらいました。少しずつ買い集めてきた家具や小物が映えるインテリアがうれしくて。階段に座ると一望できるのでコーヒー片手にボーッとすることもあります」

そんな折り返し階段を上がると広がるのは、見晴らしのよいLDK。「景色のよい土地を5年も探し求めてやっと見つけた場所。それを活かすためたくさんのアイデアを詰め込みました」。モノが好きなナオアキさんの一方で、インテリアコーディネーターとして活躍するサチエさんは空間を愛する人。大きな窓から陽がたっぷりと入り、時間の移ろいによって雰囲気の変わる2階は、子どもも大人も居心地よく過ごせるよう、家具はミニマムに、無垢の床や壁のタイルなど素材選びを追求したそう。「思い思いの過ごし方ができるよう、空間を広くとりました。最近はチアリーディングを習っている娘がのびのびと踊る姿をキッチンから眺める時間が幸せ。これからどんな風景が見られるのか楽しみです」

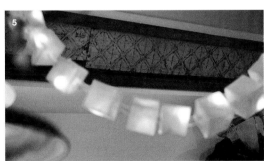

**4 この家に住んで
緑が好きになった**

友人に新築祝いでグリーンをもらって以来「ハマって、休日に一人でも緑を探しに、ショップへ行くようになったんです」というナオアキさん。朝起きたら、まずリビングの植物の葉を拭いたり霧吹きすることが習慣に。

**5 自分で貼った
タイルがポイント**

知り合いの古着屋さんから調達したアンティークのティンパネル。「構造上、配管スペースとして下げることになった壁をなんとか装飾できないかと考えたアイデア。ほどよく存在感を醸し出すアクセントになりました」

**6 アンティークの
勉強机がお気に入り**

味のあるタイプライターデスクは、ナオアキさんが使うつもりで、アンティークショップにて購入したもの。現在は8歳の娘さんのお気に入りの勉強机として、リビングにつながるキッズスペースで大活躍。

　　　　　　　暮らし方は、人の数だけあっていい。

いつもどこかに、家族の気配。

〜みんながつながる家〜

岐阜県I邸

夫・妻・長女・次女／4人暮らし

漆黒の佇まいが存在感を醸し出す外観や
モノトーンの世界を追求したインテリアといった
"好き"を貫いたシックさが目を引くIさん邸。
でも、実際に室内に入ると、すぐに
魅力はそれだけではないことに気づかされます。
家族や訪れた友人が2階建ての家の中の
どの"居どころ"で過ごしていても
互いに気配を感じて緩やかにつながるよう
考えぬかれた部屋の配置。
そのほどよい距離感の生む温かさが
この家の心地のよさをつくり出しているのです。

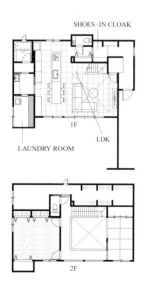

SHOES-IN CLOAK

1F

LAUNDRY ROOM

LDK

2F

天井から下がる
ボールランプが
リビングのアイコン

吹き抜けの大空間で、
どこにいても
家族の気配を感じる

1階はホテルライクがコンセプト。「モノトーンに統一すると決めてから、どんなものを選ぶときにも一層時間をかけるようになりました」

使い勝手と好みの雰囲気を両立させたインテリア。大人数のゲストにも活用できるよう、大きめのダイニングテーブルと多めの椅子を置いて。

1階のリビングからも見える2階のガラス張りの客間は白い畳が敷かれ、普段は子どもたちの遊び場に。来客のときにはロールカーテンを閉めて。

吹き抜けのおかげで、
家族が緩やかにつながる

光の入り方を大切にする
建築士であるお父さまの
影響で、絶対に吹き抜
けにしたかったと妻のア
ズさん。部屋を広く見
せ、開放感を生むだけで
なく、1階にいる人、2階
にいる人が互いにその存
在を感じられる構造に。

庭も黒と白、
モノトーンで統一

「人工芝を敷くことも検
討したのですが、1階の
大きな窓から見える景
色となるため、非日常感
というコンセプトを優先
しました」というスタイ
リッシュな庭。ご近所
の友達家族と一緒に
BBQをすることも。

趣味コーナーとして、その時々の気分に合ったものが飾られている
棚。額縁に木の実を入れたアズさんによる手づくりアート作品も。「育
休中の今は娘たちが寝ている間にアートをつくるのが楽しいんです」

階
段
下
の
ス
ペ
ー
ス
は
季
節
ご
と
に
飾
り
変
え
る

イ
ン
テ
リ
ア
も
洋
服
も
モ
ノ
ト
ー
ン
を
セ
レ
ク
ト

「もともと僕は派手な色
が好きなんです」という
夫のダイジロウさん。モ
ノトーンが大好きなアズ
さんの影響でインテリア
だけでなく、休日の家族
のお出かけに、気づけ
ば全員モノトーンコーデ、
ということもしばしば。

暮らし方は、人の数だけあっていい。

Iさんの日々、機微。

インスタグラムでもそのスタイリッシュなインテリアにファンの多いIさん邸。まず目を引くのは、妥協のない色の統一感と美しい収納です。「家を建てると決めたときに、キッチンハウスのフェニックスという真っ黒なキッチンを最初に選んだことと、1階はホテルライクにしたいという強い思いがあったため、モノトーンで統一しました。決めたからにはとことん理想を貫きたくて、少し気になったものも条件に合わなければ家に入れないようにしてから、余計なものを買うことがなくなりました」とアズさん。「色を統一すると見た目がすっきりと見えるうえに、モノが増えにくくなるから収納が溢れないのもよいところ。ここは僕の実家に近いので、父母や地元の友人が突然やってくることも多

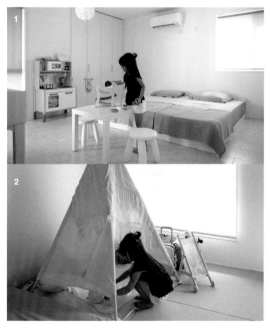

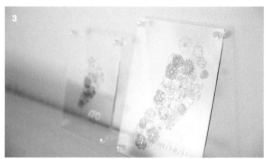

1·2 子どもの居場所が ちゃんとある

「2階の広いキッズルームはいずれ娘たち二人がそれぞれ使えるよう、考えてつくりました」。1の子ども部屋のクローゼットを開けると、長女のデスクや収納が。2は2階の畳の部屋に置かれた小さなテント。お友達にも人気。

3 娘の成長記録を アートに

子ども部屋に飾られていたのは、次女の生後100日記念にアズさんがつくったアート。SNSで偶然見つけた投稿を参考にしながらとったお子さま二人の足形に、好みのカラーのシールを貼り合わせて完成させたそう。

4 シューズインクロークに ピクチャーウインドウ

「統一感を出すためあえて1階には植物を置かないようにしているので、目に入ってくるグリーンはここから見える景色だけなんです。小窓ならではの光の差し込み方とそれがつくる陰影もすてきですよね」とアズさん。

いのですが、散らかっていないから慌てないっていいですよね」とダイジロウさん。初めて訪れる人が皆、入った瞬間にその徹底したインテリアに驚いてくれるのがとてもうれしいそう。その世界観に憧れて、モノトーンの家を建てた友人もいるほど。

さらにホテルライクな美しさだけにとどまらないのが、この家の魅力。家族みんなのお気に入りは、どこにいてもつながりを感じる家の構造にあります。「吹き抜けのLDKが家の中心にあることが一番の肝なんです。その周りに回遊通路をつくり、誰かが通ればきちんと気がつく。1階と2階、違うフロアで過ごしていてもなんとなくどこにいるかが分かって、お互いに気配を感じ合いながら過ごすことができる。つかず離れずのほどよい距離感が

とても居心地がよくて、家族だけでなくこの家に遊びにいらっしゃった方たちからの評判もとてもいいですね」

南側はできるだけガラスにして日中の光を存分に取り入れ、2階は木目のある床を使ったり、薄い色の木材を入れたりすることで温かみをプラスしているのも快適な居心地を生み出していることのひとつ。今は例えば休日に、ダイジロウさんが趣味の料理に励み、アズさんは次女とソファでくつろぎ、長女は2階の客間で遊ぶ、といったさりげない日常の時間が堪らないそう。
「それぞれ別の空間で他のことをしていても近くにいるような安心感が心地いい。幸せってこういうことだなって実感しています」

5·6
キッチンもランドリールームも黒と白

キッチン家電は黒で統一。シックな1階の雰囲気を邪魔しないマットブラックをなるべく選んだのもポイント。逆に、物干しやアイロンなど洗濯回りと、メイク台も完備するランドリールームは清潔感ある白が基調。

7
深さと高さにこだわったキッチンの引き出し収納

食器はむやみに増やさず、好きな雰囲気のシンプルなものだけを集めて。今あるものに合わせて、それぞれの段の引き出しのサイズを計算したので、工夫いらずで気持ちよくきれいに収められるキッチン収納が完成。

8
3年かけて見つけたヴィンテージクロック

「特にインテリアに関するものは衝動買いせず、わが家に迎え入れたときの印象をシミュレーションしてかなり慎重に考えます」というアズさん。壁掛け時計も家に合う理想のデザインと出会うまで3年かかったそう。

海と暮らす──
いつでもどこでも
海がそばに

life knit story 4

コンセプトは
「娘と猫のための家」

猫と海と。
ずっと一緒に。
〜心地よい眺めを楽しむ家〜

山口県K邸

夫・妻・長女・猫2匹／3人暮らし

サーフィンをこよなく愛するご夫婦と
つい何でも海の色を選んでしまうという娘さんが住まうのは、
海まで0分の家。一日たりとも同じ表情には出会えない海と
空の壮大な景色に日々の機微を感じる充実した毎日。
海のコンディションがよければ、その場で着替えて波乗りを楽しみ、
疲れたらデッキでコーヒーを飲みつつひと休み。家の中では
愛猫たちがいつもの居場所で気持ちよさそうにあくびをする。
豊かな眺めが心に穏やかな余裕をもたらします。

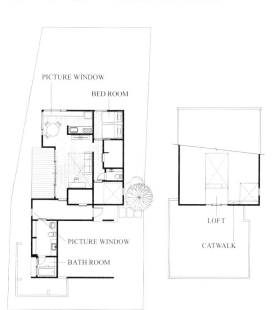

PICTURE WINDOW

BED ROOM

PICTURE WINDOW

BATH ROOM

LOFT

CATWALK

海は父娘の大切なコミュニケーショ
ンの場。娘さんが大きくなってきたこ
とで海遊びの幅が広がり、パドル
ボードなどを一緒に楽しむことも。

毎日眺められる豊かな景色。「一日たりとも同じ表情がないので飽きない」という夫のマサハルさんは、休日はデッキで波の音を聞きながら瞑想も。

夕陽を眺められる天気の日にのんびりと過ごすひとときは家族全員のお気に入り。「そんな日は夕食を準備する時間から楽しくなる」と妻のマホコさん。

海で光る
エントランスの
ピクチャーウインドウ

玄関扉を開けてまず目
に飛び込んでくるのは、
絵のような水平線が見
えるピクチャーウインド
ウ。「夜は船の灯りが海
面に反射して、また別
の表情になり、見飽き
ることがありませんね」

右・「リビングからデッキまでつながる無垢
の床が気持ちよくて、いつも裸足で過ごす
ようになりました」とマホコさん。下・デッ
キでコーヒーを飲みながら海を眺めるマサ
ハルさんの姿は、この家の定番の風景。

海を主役に
日々を過ごしたいから
インテリアはシンプルに

窓から抜ける海の景色
は毎日毎時間変化して
飽きることがないそう。
「この景色を室内のどこ
からでも眺められるよう、
間仕切りの少ないスペースにして、家具もシンプルにしました」

波から家への
完璧な動線

海から直接入れる浴室で身体の海水を流し、水着は洗ってその場で干し、乾いたらそのままバスルームの収納へ。ストレスフリーな動線のおかげで波のよい日は海と家を一日に何度も往復したくなります。

家でも庭でも
景色とつながる

「家族が海で遊んでいても家やデッキから様子を眺められるのはいいですね」とマホコさん。外が気持ちのよい季節には友人たちと集って庭で夕陽を眺めながらBBQをするのも楽しみのひとつ。

Kさんの日々、機微。

「前の家は海に近いとはいえ、波を見に浜まで行って、コンディションがよければ準備しに戻るという手間がありましたが、今は起きたら5分で着替えて波乗りができる。子どもが生まれてからご無沙汰になってしまっていた私も主人同様、頻繁にサーフィンを楽しむようになりました。目の前とはいえ、ここまで波に合わせた生活に変わるとは思いませんでしたね」

そんな、マホコさんのお話とともにすぐそばから聞こえてくるのは、静かな波の音。この音をいつも耳にし、日々変わりゆく海の姿を毎日眺めているからなのか、都会とはまったく違う時間が流れているようで、日常がとても贅沢に感じるといいます。

「地元でもあるこのあたりで、以前から探してい

1·2 ピクチャーウインドウの　絶景は、まるでアート

窓の天地をあえて区切った、2方向に広がるピクチャーウインドウ。刻々と変わる景色は、自然が織りなすアートともいえそう。「顔を上げればいつでも絶景が広がっているので、気分よく家事ができます」とマホコさん。

3 2匹の猫が　とことん遊べるトンネル

子ども部屋からロフトへ通じている猫専用トンネル。保護猫のマロンとショコラは共にこの場所が大のお気に入り。気づけば前足や顔をトンネルからひょっこりとのぞかせていて、家族みんなの笑顔を誘っています。

4 家にいながら、　海辺のカフェ気分

「この場所に引っ越してから、生活にゆとりを感じられるようになった気がします」というマホコさん。目の前の壮大な眺望がいつも心を和ませてくれているだけに、大好きなコーヒーを飲むひとときも格別なものに。

て、偶然、夕陽の美しいこの土地を見つけたんで
す。どうしてもここに住みたいと願ってから3年か
かってかなえた甲斐があり、家族全員にとって理
想の家ができました」

　家族とは、ご夫婦と娘さん、そして愛猫たちの
こと。「立地は夫婦のため。中身は娘と猫たちのた
め」というマサハルさんの言葉通り、サーフィンに
関すること以外にもこの家にはたくさんの魅力と愛
が詰まっています。

「愛猫の居場所づくりはかなり考えました。爪で
ボロボロにしないよう、壁は塗装に。交通量が多
くない場所なので脱走しても前ほどは慌てなくなっ
たのも私たちにとって大きな変化です。一方娘は
以前よりのびのびと過ごしていて、ピアノを存分に
弾けるのが楽しい様子。この家づくりの際、色や

アイテムの選定にたくさん参加してもらったせい
か、最近インテリアやアートに興味が湧いてきた
ようなんです」。マホコさんはインテリアコーディ
ネーターをされているだけに、そんな娘さんの変
化を見るのもうれしそう。

「もちろん、浜辺特有の夜の強い風音を避けて
眠るために寝室の場所を考慮したり、台風で高
潮のときに大きなゴミを拾い危険を回避したり
と、海の目の前に住むことは、きれいごとだけ
では済まされないこともいろいろとあります。た
だ、この美しい景色はどんなことにも代え難いん
です。みんなが心穏やかになり、ゆとりある生
活を送れるようになったことを思うと、この場所
で家族と日々を過ごせるようになって、本当によ
かったって、つくづく思います」

5 家族それぞれが
選んだ"私の椅子"

別々のお店で好みの椅子を選びダイニ
ングに。手前からマサハルさんのフィ
ン・ユール、マホコさんのボーエ・モー
エンセン。娘さんのカイ・クリスチャン
センの椅子は張り地を選んで。すべて
デンマークのデザイナー作。

6 見せて収納。
キッチンは飾り棚に

モノがサッと取り出せる使い勝手の
よいキッチンは、2段の棚を造作し、
見せる収納に。小物を隙間なく置い
ても洗練感を醸し出しているのはイン
テリアコーディネーターであるマホコ
さんの審美眼があるからこそ。

7 青が好き。
青に囲まれた子ども部屋

海が好きなせいか、なんでも青を選
びたくなるという娘さん。マホコさん
から譲り受けたドレッサー、形の気に
入ったランプなど徹底した青の空間
に。自分で選ぶと自ら部屋を管理し
ようという気持ちが芽生えます。

家の中にアウトドアライフを取り込む

life knit story **5**

家にいながら、
自然を感じる。

~ 窓から緑が見える家 ~

どの窓からも
緑が楽しめる住まい

岡山県F邸

夫・妻・長男・長女／4人暮らし

この家を建てるきっかけとなったのは、
お子さんが日常的に自然を愛でられる環境を
つくりたいという思いから。
豊かな自然を感じられる庭を中央に据えた家は、
どのスペースにいてもグリーンが目に入り、
四季はもちろん、毎日の陽の移ろいも
存分に楽しめる間取り。
最初から完成させるのではなく、
気に入った家具を少しずつ加え、自分たちらしい
暮らしをつくり上げていく考え方もF邸の魅力です。

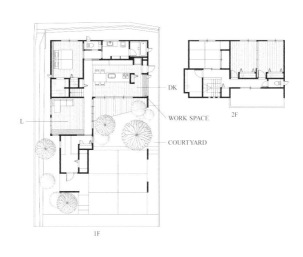

L

DK

WORK SPACE

COURTYARD

2F

1F

リビングにもグリーンと木漏れ日の美しさを愛でられる小窓が。外の豊かな自然の気配を感じさせる工夫をプラスしたくつろぎの空間に。

庭につながる大きな窓を目の前にした開放的なキッチン。時間や季節の移ろいを日々肌で感じながら料理をつくることのできる、贅沢空間に。

1階奥の一角にあるのは夫のアキヒロさんお気に入りのワークスペース。「仕事が煮詰まっても、グリーンが目に入ると、癒やされます」

日中は陽の光の移ろいを、暗くなったらライトの光の陰影を楽しめるよう、各部屋には計算し尽くされた小窓とスタイリッシュな間接照明が。

アクティビティグッズを飾る

アキヒロさんの趣味の
ひとつでもある自転車
は、隠さず長男の自転
車と共に見せる収納に。
エントランスのアクセン
トになっています。

中庭を横目に見ながら
走れるほど真っすぐで長
い廊下は3歳の長女と
5歳の長男のお気に入
りの遊び場。「以前住ん
でいたアパートと違い、
ご近所の迷惑を気にし
なくていいので、気兼ね
なく遊ばせられます」

子どもが思い切り
走れる廊下

ビッグダイニング
テーブルが
家族の居場所

温かみのある大きなダイ
ニングテーブルの表面
は、思わず触れたくなる
ような表情。「家族もお
客さまも、なんとなくこ
こに集まってくるんです」

ぱぱっと食べられる
キッチンカウンター

時間のない朝の食事ス
ペースや人数の多い来
客時の居場所など、何
かと重宝するのがキッ
チンカウンター。天気がす
ぐれない日に中庭側に
向いて外の様子を愛で
ながら過ごせる場所とし
ても最適です。

内と外が
緩やかにつながる

中庭がLDKの延長線上
にあるように錯覚させる
のは至るところに工夫が
あるから。特に大きく開
くサッシと斜めにカットさ
れたウッドデッキは屋内
外の境を曖昧にしてくれ
る大切な要素のひとつ。

　　　　　暮らし方は、人の数だけあっていい。

Ｆさんの日々、機微。
――――

長男が生まれたことをきっかけに、勤務先にアクセスしやすい住宅街に家を構えながらも、自然を身近に感じられる開放感のある暮らしをしたい、という気持ちが募るようになっていったと話すＦさんご夫婦。「夫婦共に緑が好き。でもキャンプはあまり得意じゃないんです（笑）。だからわざわざ外へ出かけなくても日常的に自然を楽しめる家をつくりたいと考えていました」

そんなお二人が希望したのは主役を中庭とし、それを囲むようにしてつくられるL字型の家。アキヒロさんは、庭には思い描く理想の木々を植えたいと、家族を連れて山まで選びに足を運んだそう。「日々少しずつ変わっていく自然の表情を繊細に感じ取れるというのは、なんとも贅

1 素材感のある サステナブルな壁

家族が眠る1階の寝室の壁には、さまざまな廃棄物をアップサイクルしてつくられたというボードをセレクト。着色を施さないセメント素材と使用済みコーヒー豆の織りなす自然なムラや色合いで温かみのある空間に。

2 ポータブル照明は 欠かせないアイテム

その夜の居場所に合わせて自在に持ち運べる照明は、屋内外の境をあまり意識せずに過ごすＦさんご家族にとって大切なアイテム。きのこのようなシェイプが可愛らしいポータブルランプはGUBIのオベロランプ。

3 本当のくつろぎのための パーソナルチェア

休日の朝、マールテン・ヴァン・セーヴェレン＆ファビアン・シュヴェルツラーの椅子に座り、中庭の紅葉を通して差し込むキラキラした光を愛でるひととき。一段下がったピットリビングには時間がゆったりと流れます。

沢だなと感じています。さまざまな植物が芽吹いて
くる春はワクワクするし、葉がキラキラとする夏は
それを愛でながらプールやBBQを楽しむのが最
高。秋の紅葉シーズンは落ち葉掃除の大変さを
上回るくらい景色が美しいし、それを終えた冬は
ひんやりとした空気感の中で焚き火をしながら、
牡蠣を焼くなんていうのも、うれしいところ。子ど
もたちが花や芽、虫を見つけて教えてくれることも
多く、自然を学ぶよいきっかけにもなっています」
と妻のシホさん。

　ここに住んでから、四季の移り変わりは草木の
変化だけでなく、光の色合いや入り方までも変え
ていくということを実感しているといいます。「光は
この家にとって、緑と同じくらい欠かせないもの。
東西に開いたリビングは一日の光の移ろいを感じ

させますし、各部屋の緑がのぞく小窓からの光
と影のコントラストもとても美しい」と語るアキヒ
ロさんは、自然の陽の光だけでなく、照明によ
る光の使い方も大切にしているそう。「全体をあ
まり明るく照らしすぎないようにすると、夜の灯り
のきれいさが際立つんです。だから照明は最小
限。家から中庭だけでなく、間接照明をつけた
室内を中庭から眺めるのも気に入っています。昼
間に関しても陽の光と景色をメインにしたいか
ら、インテリアは控えめ。でも厳選したデザイ
ナーズ家具を選んでいます」

　リビングの棚なども家の完成後に見つけたも
のでDIYしたアキヒロさん。「建てたらおしまい
なのではなく、暮らしながら少しずつ足す。長い
時間をかけて家を育てていく楽しみは格別です」

4
子どもの作品を
アートとして飾る

細かい作業をするのが好きな息子さ
ん。少し前にワークショップに参加し
た際につくったというモビールの作品
は家族のお気に入りに。玄関先の雰
囲気にぴったりだったそうで、アート
として壁に掛けて飾っています。

5
高窓からのぞくのは
美しい緑の世界

住まいの周囲の豊かな自然を取り込
むように、さまざまな場所にある窓。
リビングでは、高い位置に窓を配し、
光の移ろいが壁や床に映るよう工夫
されています。季節によっても光の入
り方が変わり、癒やされるそう。

"ものの居どころ"が
生んだ、心地よさ。

〜頑張らない収納をかなえた家〜

大阪府D邸

夫・妻・長男・次男・長女・犬1匹／5人暮らし

育ち盛りなお子さんを3人も抱えるうえ、
"片付けはそう得意ではない"と
おっしゃるDさんご夫婦。
それをまったく感じさせない
スッキリとした家には秘密があります。
それは頑張りすぎなくてよい収納。
目まぐるしい日々の中で費やせる時間は
そう多くはなく、たとえ片付けたとしても
すぐに誰かが、いつの間にか散らかしてしまう。
多くの人が抱えているこんなストレスを
ラクに解消してくれるヒントが
たくさん隠れています。

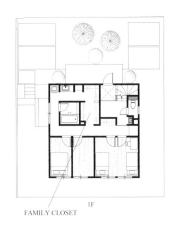

FAMILY CLOSET

1F

LDK

2F

住まいのメインは
黒い壁のキッチン。
見せる＆しまう収納を
使い分け

緩やかな
勾配天井で、
視覚的に
広さをアップ

chapter 　　1 　　　　　暮らし方は、人の数だけあっていい。

浴室、洗面室、洗濯機、ファミリーの
クローゼットがつながったロの字型動
線。「子どもたちが洗濯物を自分でし
まうことで家事の負担が減りました」

座っても寝転がってもOKなリビング
幅いっぱいの窓辺のベンチ。無垢の
素材感も心地よく、自然と人が集
まってくるスペースに。子どもたちも、
思い思いにくつろいで。

キッチンの壁が鉄製なので磁石がくっつき便利、と妻のアキさん。マグネット収納を利用。壁の色に合わせて選んだ黒い包丁は、すべて老舗ブランドDYKのもの。

見せる収納は造作の飾り棚のウッドの色味に近いアイテムだけをセレクトすることで統一感を演出しています。

棚と置くものの素材感をそろえて見た目をすっきりと

パントリーはボックスを使って簡単収納

同じ種類のデザインを並べて統一感を出したボックスに収納していくことで整然とした印象に。「大きめのケースを選べば、ポイポイとラクに入れられるので、片付けが苦手な私もストレスがないですね」

5人家族が集まっても、それぞれがくつろげるリビング。ソファを置く
か、4年悩み続け「遂に意を決してマスターウォールをお迎えしました」

「飾る」と
「しまう」の
メリハリを
つける

生活感の出やすいパントリーは極力「しまう」ことで目につかない収
納に。シンプルでありながらデザイン性のある小物などは棚に飾り、
アクセントとして活用すると空間の洗練度がグッとアップします。

Dさんの日々、機微。
———

「体感畳数としては実際の倍近く、40畳くらいに仕上げられました」。そう語るのはアキさん。大きくなってきた中2、小6、小2のお子さんたちと家族5人で集まってもまったく手狭に感じさせないLDKは、工夫なしでは難しいもの。「リビングを2階にすることで完全なプライベート空間をつくりました。外からの視線をすべて遮断してカーテンいらずになったからこそ、リビングから地続きのテラスや高めに設定した窓などのプランが最大限に活き、視覚的に広くなったのだと思います」という夫のフミヤさん。アキさんは「夕飯、お風呂、明日の準備が全部終わってあとは寝るだけ！という状態になると自然と家族がリビングに集まってきます。各々好きなことをしながらリラックスするこの時間が一番好きです

1
いくつもの照明で
「灯りだまり」をつくる

「今回は、照明デザイナーさんに入ってもらったのですが、大正解でした」というフミヤさん。均一に部屋を照らさず、灯りの集まる場所と暗い場所をいくつもつくることにより、夜のくつろぎ空間を演出します。

2
外から見えず、
のびのび遊べるテラス

「テラスで遊んでいる子どもたちを家の中から眺めながらお茶をしたかったんです」というアキさんの夢をかなえた完全プライベート空間。窓を全開にして涼しい夜風を感じながら過ごす夏の夜のひとときが堪りません。

3
こだわりは素足が
喜ぶ無垢の床

「パイン材のフローリングがとても気持ちよくて」と笑みがこぼれるアキさん。色味は特にこだわることなく、柔らかさや温かみなど、無垢のよいところを全力で出してくれる床材にしてほしい、とオーダーしたそう。

ね」と、2階の魅力を毎日満喫しているよう。

　でもこれだけすっきりとした印象をつくるのは、間取りだけではないはず。3人のお子さんを育てながら、そんなに余裕のある夜のひとときを過ごせるなんて、どんな秘密があるのでしょうか。

「片付けにかける時間はかなり減りました。モノをきれいにしまうことは得意ではないのですが、包丁がサッと片付くマグネット壁や大きめのケースにポイポイと収納できるパントリーなど、頑張らなくてもできる収納をちりばめることで、ストレスも家事にかける時間も格段に減らせるようになりました。子どもたちにも動線上に自分でしまえる"モノの居どころ"をたくさんつくったんです。管理を任せたら、余計な口出しをしないのもポイントですね」と微笑むアキさん。そもそもモノを増やさな

い、という意識も"すっきり見え"には欠かせない要素だそう。

「奥行きを感じさせる照明や勾配天井、リビングの幅いっぱいに広がるベンチなど、部屋の広がりをつくってくれる工夫も、すっきりとした部屋だからこそ、活きるアイデアだと思います」

　最近、リビングに迎え入れたソファについては「本当に必要か4年悩みました。ミニマムに見せたいからこそ持ち物は最低限にしつつ、必要なものは上手に収納する。その両方が大切なような気がします」

　"見せる"と"隠す"収納、プライベートな1階と開放感のある2階……。このようなメリハリのある住まいが気持ちのゆとりをつくってくれるようです。

4　ペットにも
　きちんと居場所を

玄関からプライベート空間へと入るドアを開けるとすぐ目につくのは、瞳を潤ませた表情が可愛い愛犬ムツの専用ルーム。子ども部屋の目の前に位置し、触れ合いやすい場所に設置されているので、子どもたちも大喜び。

5　米オイルでツヤを出した
　キッチン壁

最後まで悩み続けたキッチンの壁は、斬新な鉄の壁に。「錆びないか心配していましたが、こまめに油で拭くだけで意外と手入れもラク。ツヤも出て、5年以上たった今もきれいに保てています」とアキさん。

6　憩いの場にもなる
　玄関外の手づくりベンチ

ドアの横にはDIYの得意なフミヤさんがつくったベンチが。「ご近所の方と世間話をしたり、買った食材を抱えて帰ってきたときのちょっとした荷物置き場になったり、思いのほかいろいろな場面で重宝していますね」

住まいをつくるきっかけは、大好きなキッチンから

life knit story 7

キッチンから、
一日がはじまる。

～家族の中心にキッチンがある家～

茨城県O邸

夫・妻・長男・長女／4人暮らし

料理やお菓子づくりが大好きという妻のマコさんが
かなえたかったのはキッチンを中心に設計した家。
そこに立てば家族全員を見渡せること、子どもたちと一緒に
つくる時間を楽しめる広さがあること、玄関から直接アクセスできること。
そのすべての希望が実現できたからこそ生まれる気持ちのゆとりと
家族の会話。マコさんだけでなく皆が笑顔になる空間の完成です。

BED
ROOM

LDK

BATH ROOM

家族全員が好きなスタイルでくつろげ
るピットリビングはみんなの憩いの
場。ソファはあえて置かず、毎日の
気分で自由にそれぞれの居どころに。

段差を活かした絵本やおもちゃをしま
う収納スペース。子どもたちの片付
け力を育てます。脚を入れて座れるの
で、将来は勉強机代わりにも。

見事な外の眺めと家をつなぐテラスもくつろげる場のひとつ。「川や池があり、鳥も多くやってくる緑地帯が庭のようで贅沢な気分になれます」

LDKへ抜ける動線上に設けたギャラリーコーナー。磁石入りの黒板とカウンター、向かいには本棚をつくり、大人も子どもも活用できる場が完成。

存在感のあるドライフラ
ワーや流木をさまざまな
場所へ大胆に飾り、お
店を思わせる雰囲気に
仕上げたキッチン回り。
生花も自分で乾燥させ
るほど大好きというドラ
イフラワーは家の各所
に飾っています。

屋内にもたくさんのグ
リーンが。おしゃれな雰
囲気を醸し出すのは個
人宅としてはかなり大き
めのものばかりだからこ
そ。幹にバンダナの巻
かれている木もあり、さ
りげなく細部にも自分ら
しさをプラスします。

リビングと
キッチンが
ひとつの空間で
ゆったり

上・ゴミ箱や家電はす
べてキッチンの色に合
わせ、ブラックで統一。
左・一段下がったリビン
グのおかげでキッチン
に立ったときリビングに
も窓にも視線が抜けて、
心地よさを誘います。

どっしりとした
無垢のテーブルの
木の温もりが好き

キッチン脇のダイニング
テーブルは、無垢の一
枚板をチョイス。厚み
のあるどっしりとした一
枚板ですが、明るめの
色が特徴のクリ材を
オーダーすることで、軽
やかな印象に。チェアと
ベンチを組み合わせて。

　　　　　暮らし方は、人の数だけあっていい。

O さんの日々、機微。

お子さんが生まれる前は週に1回のペースで一緒にカフェ巡りをしていたというOさんご夫婦。もともとお二人の好みや考え方はとても似ていたそう。

「LDKを広くとって居心地のよさをしっかりとつくっていく。その思いは一致していたので、特に心配することはありませんでした。あとは妻が喜んでくれる家ならうれしいなと」。そんな妻思いの夫のサトルさんに家づくりのプランを任されたマコさん。まずお願いしたのは、キッチン回りのことでした。古民家カフェを経営するマコさんのお母さまの影響もあり、天然木とアイアンを組み合わせカフェのような雰囲気に仕上げたいと、スタイリッシュな質感に惹かれたキッチンハウスのグラフテクトをチョイス。「この

1 ご夫婦そろって
生粋のデニムLOVER

デニムのドレスとスーツで結婚式を挙げたというほど、デニム好きが共通点のひとつというお二人。ギャラリーコーナーに置かれたチェアの張り地にもデニムが。暮らしのなかにちりばめられた愛着が日々を彩っています。

2 結婚式で手にしたブーケも
ドライフラワーに

ギャラリーコーナーのカウンターに飾られているのは、ご自身でドライフラワーにしたという結婚式で使ったブーケ。デニム地の花がポイントなのだそう。すてきな思い出を日常のなかに忍ばせるアイデアを参考にしたいもの。

3 同じ目線で
過ごせる居どころ

「勉強は子ども部屋でなく見えるところでしてほしいということから始まったんです」というギャラリースペース。今では在宅ワークをするサトルさんの膝の上でお子さんが黒板にお絵描きをする微笑ましい光景も。

キッチンが本当に大好き。サイズが大きいので、以前から好きだった料理が一層楽しいし、子どもとの料理もどんどんトライしたくなる。ついこの間も、一緒に卵焼きをつくってパパに食べてもらったんですよ」。そう微笑むマコさんですが、お気に入りのキッチンそのものより、さらに強い要望があったそう。「それはここに立ったとき、みんなを見渡せることです。キッチンを家の中央に据え、ピットリビングは目の前に、斜め右を向けば唯一無二ともいえる緑地帯が望めるテラスが視界に入り、子ども部屋もすぐそば、という環境で家族全員の様子を把握できるようになりました」

家族それぞれとの会話も自然と増えたというキッチン中心の設計。ご夫婦が家族との緩やかなコミュニケーションや触れ合いをとても大切に

されていることを感じさせるアイデアは、キッチンだけでなく、そこかしこに隠れています。例えば子ども部屋とのつながりを考えたギャラリーコーナー。長さがあることで、一人きりではなく家族の誰かと並んでデスクに向かうこともできます。また、ソファなどの家具で居場所が固定されていないからこそ、自然と触れ合いが生まれるピットリビングもそんな場のひとつ。「家を建てると次を建てたくなるという話をよく聞きますが、私は今がとっても満足。無垢材をたくさん使用し、間取りも家族の変化に寄り添ってフレキシブルに形を変えられるように考えたので、わが家には"老化"がない。むしろこの先、どんな風に共に成長していくのか、将来を思うとワクワクしています」

4 気に入った照明を急遽 "見せる"設計に

「一目惚れしちゃいました!」とマコさんがいうのは、ガラス特有の美しさが目を引くマックイーンの照明。外からもよく見えるよう、玄関の窓の設計を急遽変更してもらい、落ち着いた雰囲気の外観のアクセントに。

5 ガラリと気分を変える タイルの床

トイレの扉を開くと雰囲気が一転、気分の上がる床が。「お花のタイルがいいねっていう夫の言葉に、それなら思い切り可愛くしたい!って。1枚ずつ花の形に貼る作業は職人さん泣かせだったと思います（苦笑）」

6 散らかしたままも OKの子ども部屋

「家族の共有スペースは片付けを促しますが、ここはそのままでも怒りません。おもちゃが転がっているスペースって子どもにとって夢のようだと思うんです」。子どもが部屋にこもらないよう、あえて狭くする工夫も。

2

かたちのない
暮らしを、
かたちづくるもの。

あたりまえに続いていく日常のなかで、
自分の暮らしについて考える機会って、
どのくらいあっただろう。
ちょっとだけ立ち止まって、
そんな時間をつくってみる。
自分がしたい暮らしのかたちは、
どんなだろう。

撮影場所：駒沢シャーウッド展示場HUE（ヒュー）
minä perhonenとのコラボレーションモデルハウス。
色相という意味から付けられた新しい提案の住まいです。

ダイニングに差し込む朝の光。思い思いに座れる窓辺のベンチで、ゆったりとコーヒーを味わえば、そこは至福の空間に。光の移り変わりから季節の変化を感じられるのがうれしい。

生きるを活かす

私たちの日々の環境は、空間的には家と社会、時間的には個人の内省的時間と相対的な社会的な時間でできています。そしてそれらの時間や環境の中で、私たちは思考し、行動し、"生きる"実感をしているのです。

その環境は刻一刻と変化し、時と空間の組み合わせは自在に、かつ多様な感情と体験をもたらし、次の未来へと繋がっていきます。その集積を私たちは自らの人生として自覚し、続いていく日々の中で過去の体験や記憶を集積しながら、新たな未来を育んでいると言えるのかもしれません。

私たちはたった一つの与えられた人生を一本の木のように育てながら、そこに幸せや喜びが実るよう、時を重ねていきます。大切なことは、それを心で感じられるよう、過ぎていく日々の瞬間を噛みしめつつ生きることです。移りゆく事象を喜びや幸福感に変換されるように判断し選択していくことが、人生を温かなものにしてくれるはずです。そのような瞬間の連続を大切に過ごすことこそ、『生きるを活かす』、つまり、『生活』ということなのだと思います。

人生はもちろん、うれしいことや楽しいことばかりではありません。思い通りにいかないことのほうが多い時もあるくらいです。その中で『生きるを活かす』ということは、単に幸せや喜びばかりを求めるということではなく、時に起こる思いがけないハプニングや困難も受け止めながら、その体験を次への喜びや気付きとして、回生エネルギーのように繋げていくような営みも含むのではないかと思っています。ここに生まれ、生きていること自体が大きな偶然の中で起こったことだとすれば、全ての事象は自分の都合ではどうにもならないことがむしろ自然で、自分では何ともし難い事象の一つ一つを、自分にとって良い捉え方に置き換える事は私たちにはできるのではないでしょうか。

ただそれには、理解者や共感者がいなければへこたれてしまうこともあるでしょう。そんなへこたれる自分を支えてくれるのは、無償の想いで寄り添ってくれる家族であり、友人です。人生を支えてくれる有り難い存在と過ごす時間こそ、『自分の存在が、他者と共にあって活かされている』と実感する瞬間です。その安心感から、幸せと安堵の気持ちになれるのだと思います。その大切な関係は、社会や自分の周りに困難があった時にも、雨風を遮る一本の傘のように、自分を守ってくれる存在です。

そうして個々の人との出会いから生まれる暮らしの形は、一本の"時の糸"で編まれたニットのように、人生の体験や想いによる一目一目がその人の柄となり、そこから生まれた形（記憶）に包まれることで、温かく柔らかな心持ちとなるでしょう。時に少し絡まったりすれば、そこをまた解いて編み直せば良い。そのうちにその"暮らしのニット"は、程よい毛玉や糸のほつれのように心地よく愛着を滲ませて懐かしさを携えながら、かけがえのない暮らしの記憶の姿となっていくことでしょう。

minä perhonen designer / founder

皆 川　明

profile : AKIRA MINAGAWA

デザイナー。1995年にブランドminä perhonen（2003年まではminä）設立。
手作業で描かれた図案から作るオリジナルファブリックによるファッション、インテリアを手掛ける。
物語性のあるデザインと、産地の個性を活かした、長く愛用されるものづくりを続けている。
国内外のさまざまなブランドとの協業のほか、新聞や書籍への挿画、宿のディレクションなど活動は多様。

親密度を高めるためあえて天井を下げたダイニング。朝は差し込む陽を感じながら、夜はライトの光と影を楽しみつつ食事を。太陽の動きにより居場所が移ろうのもこの家の特徴。

皆川さんお気に入りのトレジャールームに置かれたのはアルネ・ヤコブセンの椅子。自分の"好き"を織り交ぜることで住み始めた日から温かみを感じ、愛着が育まれます。

リビングに置かれたソファは、経年
により擦り切れるとカバーが少しず
つ変化を見せます。使い込むほどに
生地の裏面の色が浮かび上がり、
新たな味わいが感じられるつくりに。

布を弛ませた階段下スペース。低い斜め天井にあやまって頭をぶつけてしまわないように、という皆川さんの思いやりから生まれたアイデア。

2階の廊下はラフな抜け感を作るため、バーチ素材にクリア塗装をした壁を採用。クランク・マルチェロのヴィンテージチェアとのバランスが新鮮。

ちょっとしたメモやメールチェックなどができるキッチン内のスペース。スツールを置けば、料理の間にもばばっとPC作業ができ、効率もアップ。窓からの眺めも楽しみのひとつです。

住まう人も、訪れるゲストも、思わず誘い込まれるようなエントランス。一歩中に入れば、ピクチャーウインドウを通して見える外のグリーンに癒やされる空間が広がっています。

「北欧、暮らしの道具店」店長

佐 藤 友 子

「フィットする暮らし、つくろう」をコンセプトに、世界中の商品を扱うネットショップ、ECメディアを運営する「北欧、暮らしの道具店」。「会社を立ち上げる頃からずっと、皆川さんの姿勢に感銘を受けていた」という店長の佐藤さんに「HUE」を訪れた感想を伺いました。
「一回りしながら感じたのは、洗練されながらもホッとできる世界。デザインというより記憶に残る体験をつくっているという皆川さんの言葉が記憶に強く残っているのですが、まさにこの空間もそれを至るところで感じまし

た。皆川さんの変わらぬ芯の部分を再確認できたように思います。特に印象深かったのは、家族の気配を感じながらも一人になれる場があるということ。私自身、人と会えない時期に、一人になって自分の感情を見過ごさない時間が必要と考えて、おうち時間中にベランダガーデンをつくりました。植木鉢やハーブを少しずつ増やすところから小さく始め、場所を育てて。その時はうまく言葉にできなかったのですが、実際に身を置いてみることで言語化できる感情があ

「キッチンの窓から中庭が見え、奥のリビングの
様子が分かるのがいいですね」と佐藤さん。

中庭のベンチは「優しい丸みがすてきです。
木の温もりもうれしいですね」

profile : TOMOKO SATO
2006年、実兄である青木耕平氏とクラシコムを共同創業。
「北欧、暮らしの道具店」店長として、商品・コンテンツの統括を行う他、
SNSやポッドキャスト「チャポンと行こう!」で、自身の暮らしや
身近な話題を発信し、顧客とのコミュニケーションを続けている。

るんだなと感じました。自分にとっては、このベランダ
で過ごす時間が何ものにも代えがたいご褒美です。

　コロナ禍を経て、私たちは人とのつながりの大切さを
改めて実感したと同時に、"孤独"を必要としているこ
とを知ったような気がするんです。だから、私はキッチ
ンを選べるなら、アイランドタイプより独立型がいいし、
隅っこでもいいから"ここだけは一人時間を楽しめる"
という場所が欲しい。ここには、そんな私の気持ちが
皆川さんと同じかもしれないと感じられるスペースがい

くつもあり、なんだかうれしくなりました。

　HUEの愛着を編み込む暮らし、というコンセプ
トを聞いて頭に浮かぶのは、息子が生まれたときに
迎えた同じ年数のウンベラータや、『北欧、暮らし
の道具店』を立ち上げた当時から好きで使っている
ヴィンテージの家具。目に入るたびに原点を思い出
します。こういった機微をこれからも大切に、愛着
を育める家を持ちたい。私も終の住処にはこんな家
を、と夢の膨らむ時間でした」

「ここに座って、家族や友達と話しながら
週末を過ごせたら最高」と微笑みます。

「この家のなかで一番好き」というコージー
コーナー。「ずっとここで過ごしたい!」そう。

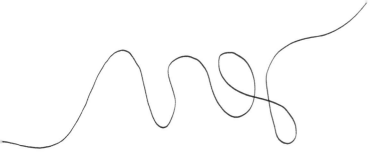

chapter

3

自分らしい
暮らしの手がかり。

-日々の中にある、46のヒント-

どんなことでもいい。
何に心が動くか。何がうれしいか。
何にこだわりたいか。
自分が大切にしていきたいもの、
心地よいと感じるものを、想像してみる。
それが、自分らしい暮らしを始める
きっかけをくれるはず。

FAVORITES "好き"と感じる気持ちを、何よりも大切に。

01 大好きなものから暮らしをイメージする

お気に入りのものを起点に空間づくりを考えてみましょう。これまで直感で好きだと思い、選び取ってきたもの、それらはあなたの感性を表しています。例えば、この置き物を飾りたい、このお皿が似合う家をつくりたい、そんな小さな "好き" から始めてもいい。好きなものは住む人のアイデンティティを表現し、家のディテールを決めてくれます。

左・奈良県U邸の愛着のある
ダイニングチェア。
右上・宮城県K邸のヴィンテージ照明。
右下・茨城県O邸で
愛用されている木製の食器。

02 着たい服と空間をコーディネートする

自分らしい空間づくりが難しく感じたら、身近なモノからイメージを膨らませてみましょう。自分が着たい服から発想してみるのもひとつのアイデア。例えば、お気に入りの洋服を着て、カフェや旅行先で撮った写真を参考に。どこで写真を撮ったときの自分が好きか、どんな雰囲気のスペースにいると自分が映えるのかが分かれば、自分のお気に入りの空間も見つけられるはず。

あなたが暮らしのなかで、心地よいと思う瞬間はどんなときですか?
"好き"を軸に集めてきた家具や小物、窓から見える景色を主役に空間づくりをしてみましょう。
そこから、あなたらしい暮らしのつむぎ方が見えてきます。

idea
03 アートを日常に取り入れる

アートには人の心を動かす力があります。アートといっても堅苦しく考えなくてOK。
アーティストの作品でなくても、例えば子どもの絵を額装して飾れば、家族の会話も増
え、日々の暮らしの充足感が増します。

山口県K邸。左のリビングでは、
お子さんが描いた絵を額装に。
右のエントランスは、
窓から入る光自体がアートのよう。

idea
04 コレクションを思い切り楽しむ

空間は床、壁、天井だけでは完成しないもの。そこに住む人が好きな家具、小物、
アートを飾ることで"私らしい"空間になっていきます。そんな空間を彩るために、コレ
クションやちょっとした思い出を飾るコーナーをレイアウトしてみては。好きなものに囲
まれ、触れられる空間は、年数を重ねるごとに愛着が一層高まっていきます。

左・岐阜県I邸の飾り棚には
好みのモノトーンのグッズが。
右・お店のような
宮城県K邸のコレクション棚。

RELAX　なにげない時間こそ、心地よいひとときに。

idea
05　お気に入りの居どころには自分だけの灯りを

自分時間をすてきに演出するツールとして、ぜひ使いこなしたいのがポータブルランプ。お気に入りの場所にランプを置けば、そこが自分の居どころに。USB給電タイプや、モバイルバッテリーと組み合わせが可能なタイプなら、災害時でも安心のうえ、アウトドアでも大活躍。大好きな灯りに囲まれる幸せな自分時間を過ごしてみては。

岡山県F邸には、小さなランプがいくつも点在。居どころに合った灯りで、空間の雰囲気も自分時間もワンランクアップ。

家族と過ごす時間も大切だけど、一人の時間の心地よさも大切にしたい。
慌ただしい毎日だからこそ、なにげない日常の時間を丁寧に楽しんでみませんか。
そんな日々の機微を積み重ねることが、心にゆとりをもたらしてくれます。

idea
06 グリーンと暮らす

暮らしのなかに、お気に入りのグリーンを迎えて、愛着をもって育てたい。家族の時間や季節の移ろいが、植物の成長と共に鮮やかに感じ取れます。人の目に優しい緑は、疲労や緊張を和らげ、癒やし効果があることが医学部との研究（※1）でも明らかに。また、グリーンの世話をすることで、心が安らぎます。

左・この住まいに越してから、グリーンを世話する楽しみを知ったと宮城県K邸のナオアキさん。中・岡山県F邸。右・茨城県O邸。グリーンで彩った癒やしのコーナー。

idea
07 一人の時間はソファよりパーソナルチェア

複数で座るソファは、時間を家族と共有するための家具。ファミリーでくつろぐソファもいいけれど、一人でリラックスしたいときには、パーソナルチェアがおすすめ。軽くて持ち運びができるチェアなら、手軽に移動させられるので、さまざまな場所を"私の居どころ"にすることができます。住まいのあちらこちらに自分だけの特別な居どころを発見する楽しみも生まれます。

岡山県F邸のリビングに置かれたパーソナルチェア。

（※1）「スローリビングの抗疲労実験（2010年）」（大阪市大医学部／積水ハウス）、「インドアグリーンのリラックス実験（2010年）」（積水ハウス）

RELAX
なにげない時間こそ、心地よいひとときに。

idea
08 お気に入りの音楽と香りを見つける

好きな音楽や香りは、忙しい日常に心の余裕と癒やしをもたらしてくれると同時に、自分を解放し、リラックスさせてくれます。時にはアナログプレーヤーで、ジャズのレコードをかけるのもいい。香りを手軽に楽しむならアロマディフューザーやキャンドルを取り入れて、暮らしを彩ってみては。

左・大阪府D邸。アナログレコードが
ゆったりかかる空間でリラックス。
右・岐阜県I邸では、モノトーンで
コーディネートしたインテリアに
アロマキャンドルをプラス。

idea
09 家の中でもアウトドア気分を味わう

家族で楽しむキャンプやグランピング。そんな気分を庭やテラス、ベランダで味わう方法も。例えばベランダでキャンプ用品を使って食事をしてみる。テラスやリビングにテントを張って寝泊まりする。庭にラグを敷いて裸足で過ごしてみる。手軽に自然を楽しむことで、感性も研ぎすまされていきます。

idea
10 今夜も夫婦二人の「家飲み」を楽しむ

家で過ごす時間が増え、自宅でお酒を楽しむ機会も増えています。「家飲み」タイムをランクアップするために、インテリアにちょっとした工夫を。照明は全体を暗くして、間接照明やランプで「灯りだまり」をつくるのがおすすめ。お気に入りの音楽や、焚き火の映像などをプラスして、おしゃれなバーにいるような非日常感を演出。

idea
11 きれいな空気が循環して、いつも快適

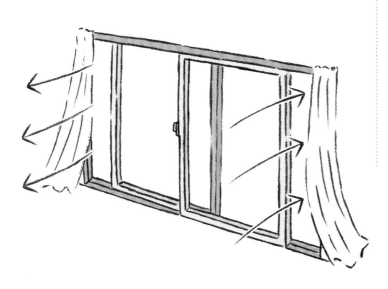

リラックスできる住まいの基本は、快適な空間を整えることから。それには換気がとても大切です。朝や帰宅時には窓を開けて、空気の入れ替えを。できれば2カ所、空気の入り口と出口をつくって、通気します。花粉やPM2.5、黄砂など季節や地域によって外気を取り入れにくいときは、空気清浄機を使うこともよいでしょう。

FAMILY それぞれの"好き"を、合わせていく。

idea
12 家族が集まる場所は「床を低く、目線を低く」

床を一段低くした空間は「盆地効果」で、人が自然と集まりやすいという空間特性が。そんな盆地効果を活かした「ピットリビング」なら、家族が自然に集まります。またソファよりも低いローテーブルも、目線を下げる効果があり、家族の距離を近づけます。テレビの位置を下げるのも一案です。

上・茨城県O邸。床のレベルを下げたピットリビング。思い思いのところに座れるのもうれしい点。

一緒に住む家族と互いの"好き"を話し合うことで、自分たちらしい暮らしの形が見えてきます。
ペットも含めた家族が緩やかにつながりながらも、それぞれの居どころがある。
それは日々を豊かに編み上げていく、家族の笑顔が溢れる住まいです。

家族のためのイベントスペースを2畳プラス

隙間なく家具を置くのではなく、リビングの一角に2畳分の余白をとり、家族のイベントスペースをつくってみては。季節のデコレーションを楽しんだり、パーティーのときにはゲームやダンス、楽器演奏にも使える余白の空間に。小さいお子さんがテレビを見ながら踊ったりもできます。そこが窓辺なら、例えばキラキラ光るツリーが外から見え、ご近所の目も楽しませてくれます。

子育て期には特に季節の
設えやお子さんの工作を飾って
楽しむ余白を。

犬と猫の居場所。ペットにも特等席を

ペットも家族の一員。犬は8割近い人がリビングで飼っているという調査結果も（※2）。犬は人の足元にいるのが好き。家族の気配が感じられる空間に自分の居場所があると安心。一方、猫は高いところに居場所を見つけたり、窓の外をじっと眺めているのが大好き。家族の様子が見下ろせる位置に居場所をつくれば、気ままに動き回れます。

上左・山口県K邸。天井近くに設えた
猫だけの通り道。
上右・大阪府D邸。1階の一角に愛犬の
コーナーが用意されています。

　　　　自分らしい暮らしの手がかり。

（※2）ペットとの暮らしアンケート調査：積水ハウス調べ（2017年）

FAMILY
それぞれの"好き"を、合わせていく。

idea
15　家族みんなのクローゼットで「リンクコーデ」を楽しむ

一人ひとりのおしゃれも楽しいけれど、家族みんなでトーンをそろえたら、最高のおしゃれファミリーに。家族の服を1カ所にまとめて見渡せるクローゼットなら、それぞれの"好き"がわかりやすい。自分たちがどう見えるか、会話をするのも楽しくなります。ウォークインクローゼットがなくても、部屋の一角にハンガーパイプを設置すればOK。

宮城県K邸の
ファミリークローゼット。
家族みんなの服が1カ所に
集まっているので、洋服選びも
家族全員で楽しめるのが魅力。

idea
16　寝室にテーブルを。夫婦の時間をつくる

夫婦の寝室に小さなテーブルと椅子を置いて、コミュニケーションスペースに。ランプやキャンドルをともして向き合えば、自然と距離も近くなります。子どもの進学やお金のことなど、パートナーと大切な話をする時間を確保したいもの。よく眠れるアロマを焚いて、くつろぎタイムを演出するのもおすすめ。リラックスできるハーブティーなどを楽しみながら夫婦の会話を。

idea

17 家族の居どころに「灯りだまり」をつくる

リビング、ダイニングの照明の基本は「家族の居どころを照らす」こと。ソファ、ダイニングテーブルなど、居どころの中心に、ペンダントライトやスタンドライトなどで「灯りだまり」をつくってみましょう。まるで焚き火を囲んでいるかのような、心温まる家族時間を演出します。

上・宮城県K邸。部屋を均一に
照らすのでなく、いくつかの
「灯りだまり」で、夜の空間に陰影を。
下左右・岡山県F邸。ペンダントライトや、
スタンドライトを使って「灯りだまり」を。

FAMILY
それぞれの"好き"を、合わせていく。

idea
18 どこにいても家族の気配を感じる

仕切りがなく、リビングから
ダイニング、そしてテラスや屋
外とも一体感をもってつなが
る大空間。家族が気配を感
じながら、それぞれ自由に好
きなことができる大きなリビン
グがあれば理想的。用途や
時間を限定してしまう、閉じ
て区切った個室とは真逆の
発想のつながり空間を家のメ
インにしてみては。

大きな吹き抜けで1階と2階が
緩やかにつながる岐阜県I邸。
どこにいても家族の気配を
感じながら過ごせます。

idea
19 背の高い間仕切り家具で大空間の居どころづくり

大きく開放感のある大空間を
緩やかに仕切るには、間仕
切り家具を上手に利用したい
もの。高さの選べる壁や棚を
自由にアレンジして組み合わ
せができる家具なら、用途に
よる緩やかなエリア分けが可
能になります。ダイニングとリ
ビングの間、リモートワーク
用の空間やお子さんのスタ
ディースペースなど、視線だけ
をさりげなく遮りたい場所で、
上手に取り入れてみては。

idea

20 ビッグダイニングテーブルのススメ

4人家族だからといって、必ずしも「4人掛け」の食卓に4脚の椅子である必要はありません。家族の人数より大きめのテーブル、多めの椅子を用意したビッグダイニングテーブルなら、お友達を招くホームパーティーにも対応しやすくなります。大きなテーブルならお子さんが宿題をしたり、絵を描いたり、大人がリモートワークをしたりと、食事以外にも多目的に使えます。

大阪府D邸。
家族の人数より多めの椅子を
置いたビッグダイニングテーブルは、
家族以外にも人が
集まる場所になります。

idea

21 家の中にも外にもシンボルツリーを

家の中にも外にも、わが家のシンボルツリーといえるような木を植えたり、置いたりしたいもの。同じ木と一緒に毎年お子さんの写真を撮れば、その成長ぶりが見て取れて、記念にもなります。大きくなっていくシンボルツリーと家族の変化が重なることで、木々に一層愛着が湧きます。

上左・大阪府D邸のアプローチ。
お気に入りの木を選んで。
季節の移ろいも楽しめます。

　　　　自分らしい暮らしの手がかり。

KIDS 信じて見守る。子どもが健やかに育つ暮らし。

idea

22 子どもと一緒に成長する部屋

乳児期　　　幼児期前期　　　幼児期後期　　　児童期前期　　　児童期後期　　　青年期

乳幼児期（小学校入学くらいまで）、児童期（小学生くらい）、青年期（中学生以上くらい）など、子どもの成長に合わせて、子ども部屋やリビングをフレキシブルに活用していくことが理想的です。子どもが小さいうちは、ひとつの大きな空間を用意し、その後、成長するにつれて、それぞれの部屋に分ける想定をしておくのもひとつのアイデア。

岡山県F邸。子どもの成長に合わせて、いずれ仕切れるように間仕切りを設置。子どもが小さいうちは大空間でのびのび遊べます。

子どもは自ら育つ力をもっています。親は生き生きと育とうとする「子育ち」の過程を助け、
その力を信じて見守りたいもの。幼い頃から子どもをひとつの人格として尊重し、
子ども自身の子育ちの力を引き出すためにも、住まいのあり方はとても大切です。

子どもから目を
離せない乳児期。

↓

いろいろな遊びを
するようになる幼児期。

↓

学習が本格的に始まる
児童期。

KIDS
信じて見守る。子どもが健やかに育つ暮らし。

 23 子どもの居場所は個室でなくても大丈夫

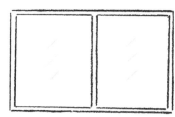

一人の子どもに一部屋ずつ個室を与えなくては、と思いがちですが、年齢や時間帯によってフレキシブルに変化させられる空間に、子どもの居場所があるほうがベター。成長に従い、徐々にプライベート感を高めていけるよう、広い空間を間仕切り家具などで緩やかにエリア分けしておけば、空間を有効に使えます。

上左・子ども部屋に大きめのテーブルを置き、子どもの不在時は在宅ワークの場所に。
上右・宮城県K邸では、リビング脇に子どもの勉強スペースを。

24 勉強は家族の気配を感じる場所で

子どもが家族の気配を感じながら、安心して勉強やお絵描きなどができると理想的。小さいうちは、リビングにデスクを置けば、子どもを見守りながら家事が可能です。また、絵を描いたり連絡事項をメモできる「ドラフトウォール」があれば、家族のコミュニケーションだけでなく、子どもの表現力もアップ。子どものふとした成長も見届けられます。

茨城県O邸。
ドラフトウォールには、
何を描いてもOK。好きなときに
好きな人がメモや
絵を描けて、
いつでも消せるのも便利。

25 創造力と空間認識力を育てる「段差」

ひとつの空間でも床のレベルを変えると、多角的にモノを見たり考えたりする力が身につきます。赤ちゃんが「高い高い」に喜ぶのは、大人を見下ろすという視点の変化で脳が刺激されるから。また、子どもは「くぼみ」も大好き。ちょっとした高さの差でも、子どもの視界は大きく変わり、創造力のスイッチが入ります。

左・段差のあるリビングスペースを
設けている茨城県O邸。
右・宮城県K邸には
キッチンに段差が。

KIDS
信じて見守る。子どもが健やかに育つ暮らし。

idea
26 片付け力を養う「飾る」楽しみ

好きなもので自分のスペースを
飾らせてみる。
↓

好きな色のインテリアを
自分で選べば、愛着もアップ。
↓

カーテンも照明も
自分でチョイス。
↓

自分のものや空間へのこだわりが始まる幼児期は、色彩や空間感覚が育つ時期。壁
紙やカーテンを選ぶなど、一部でもインテリアコーディネートに参加すると愛着が生ま
れます。この習慣が、自分の居どころを管理する「片付け力」へ。早い時期からイン
テリアに関わることで"好きな空間"への感覚が自然と身に付きます。

山口県K邸。
お子さんがインテリアを自分で選び、
どう飾るかも自分で決定。

27 おもちゃの居場所は決めておく

子どもは幼児期を迎える頃、自分のものを他の子が使うのを嫌がるなど、モノの所有と秩序にこだわり始めます。これは持ち主とモノ、場所との関係性に目覚めた成長の証しで、片付け習慣を身につける絶好のチャンス。おもちゃなど、モノの居場所を決めてお手本を示せば、子どもが進んで片付けやすくなります。

岐阜県I邸。小学生のお子さんが自分の棚を与えられ、自分で管理しています。

COOKING　"料理する"を、"料理を楽しむ"に変える工夫。

idea

28　キッチンには「ちょいおき」スペースをたくさん

子どもと並んでもゆったりと
料理ができるよう
スペースを大きくとった
茨城県O邸のキッチン。

シンク、コンロ、電子レンジ、冷蔵庫など、それぞれの近くにちょっと物を置ける台があるかどうかが料理を楽しくする決め手。複数の小さな「ちょいおき」スペースがあれば、洗う、切る、調理するなど各作業の手を止めずにスムーズに。スマホやタブレット置き場にもなるので、レシピ動画を見ながらの料理にも便利。料理の効率が上がります。

キッチンは、ただ料理をするだけではなく、夫婦で、お子さんと、お友達と一緒に
お喋りや手伝いをしながら、料理や片付けの時間を「楽しめる」場所にしたいものです。
ダイニング同様、キッチンも豊かなコミュニケーションの場にするためのアイデアを考えてみましょう。

idea

29 丁寧な台所仕事は座りながら

下ごしらえや煮物、週末にまとめて常備菜をつくり置きするときなど、台所仕事は意外と時間がかかるもの。そんなときは、スツールなどに座って作業できるキッチンがおすすめ。子育てファミリーなら、向かい側に座るお子さんの目線と高さがそろい、会話も生まれます。友人を招いたときも、座りながらの作業なら、ゲストに気を使わせずに済みます。

idea

30 ホムパ派は冷蔵庫を見えない位置に

ホームパーティーが多いファミリーなら、冷蔵庫は食事の場から見えない位置に置くのがおすすめです。冷蔵庫の中の雑多なモノが見えないようにレイアウトすることで、よりすてきなダイニング空間が実現。友人とのランチパーティー、お子さんの誕生会、友達夫婦とのワインパーティーなど、ゲストと一緒の食事のシーンをゆったり楽しめます。

奈良県U邸では、
冷蔵庫をダイニングから
見えない位置に。
ホームパーティーでも安心。

COOKING

"料理する"を、"料理を楽しむ"に変える工夫。

idea

31 共働きにおすすめ! 作業効率のよいキッチン

夫婦で働き、共に家事をするなら、シンクの周りをぐるっと囲める回遊動線を考えたキッチンがおすすめ。一人がコンロ、一人がシンクなど、複数人での料理も手分けして準備ができます。シンクとコンロが背中合わせのセパレートキッチンなら、シンクとコンロの移動距離が短く、時短につながります。お子さんのお手伝い参加にも便利です。

上・セパレート型。 下左・アイランド型。いずれも回遊型動線で、複数で調理が可能。下右・L字型。シンクやコンロの両側に作業スペースが確保できるのが魅力。

idea

32 冷蔵庫・コンロ・シンク・電子レンジの動線が決め手

最近は、冷凍食品の種類も豊かになり、加熱調理をコンロではなく、電子レンジをメインに行う日もあるでしょう。キッチン設備のレイアウトは、以前は冷蔵庫、コンロ、シンクのトライアングルの動線が多数派でしたが、今では、電子レンジを加えたスクエアに変化しつつあります。

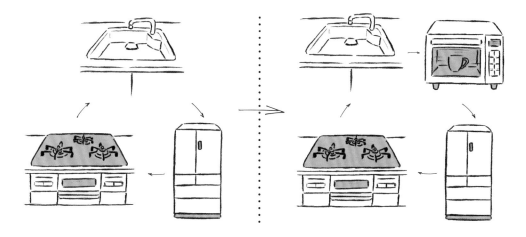

idea

33 キッチンツールは、あえて見せる

毎日使って出し入れするキッチンツールは隠さずに、手の届きやすい位置で「見せる収納」に。調理器具や調味料をすてきに並べると、気分も上がります。

左・山口県K邸。
瓶やかごを並べてストック。
スタイリッシュに飾っています。
右・大阪府D邸。
鉄製のキッチンウォールに
マグネットを取り付け、包丁や
キッチンばさみを収納。

HOUSEWORK したくなるイエゴトには、理由がある。

idea
34 スタンディングカウンターのススメ

忙しい平日、座ってくつろげる時間は短いもの。ちょっとしたメモや学校の連絡帳の記入など、立ったままサクッと済ませる、なんてことも。そんなときに役立つのが、スタンディングカウンターです。ほかにも家の中では立ったままで済ませたい作業が、意外と多いもの。立ち姿勢で使える高さのカウンターがあると、効率化につながります。

岡山県F邸。お子さんの幼稚園や学校の連絡帳を書けるスタンディングカウンターは在宅ワークにも便利。

日々の暮らしに欠かせない家事をスムーズにしたい……。
例えば「もっと家が使いやすかったら、きれいにしておけるのに」。そう考えたことはありませんか?
ここでは"イエゴト"がしたくなる住まいのロジックを紹介します。

idea

35　洗濯機は干す場所の近くに

特に子育て中は、日に何度も洗濯機を回して干すこともあります。重い洗濯物を毎日
運ぶ重労働を考えると、洗濯機置き場は洗面室と限定せず、干す場所との動線、距
離優先で考えるのがよいでしょう。庭やベランダの近く、またはキッチンにあれば料理
や片付けと洗濯を同時に行うことが可能になります。

岐阜県I邸のランドリースペース。
室内干しができる機能と収納スペースを
設けて、いつでも快適に
洗濯ができるように。

HOUSEWORK
したくなるイエゴトには、理由がある。

idea

 36 家事の効率が断然よくなる! 収納アイデア4

収納は多いほどよいわけではなく、重要なのは「出し入れのしやすさ」。何をしまっているのかが一目で分かり、取り出しやすい収納があれば、家族が自然とモノの居場所を認識し、出し入れするようになります。モノの住所を決める、使う場所の近くにしまうなど、各場所の収納アイデアをご紹介します。

1
リビング脇に
1畳の収納を

リビングは家族みんなが集まる場所だから、自然といろいろなものが集まります。リモコン、爪切り、文房具……。日常使いするものたちをサッとしまえて、来客時には目につかない場所に片付けられる収納を、ぜひリビング脇に備えて。

2
掃除道具は
まとめて収納

掃除道具の収納のポイントは「家族みんなが分かり、アクセスしやすい」こと。掃除道具はできるだけまとめて収納すれば、家族の誰もがぱっと手に取りやすく、掃除がしやすくなります。掃除道具の収納スペースに電源があれば、さらに便利です。

岡山県F邸では
掃除機などを立てて収納、
充電用の電源も備えて。

3
家族専用の
動線を
つくってみる

表玄関だけでなく、シューズクロークから家の中に入れる別動線があれば、外から持ち帰ったものもすぐに整理でき、便利。シューズクロークからパントリーへ、さらに冷蔵庫へとつながる動線で、買った物もサッとしまえます。

4
パントリーで
在庫管理も効率UP

散らかった様子が目立ちやすいオープンキッチンなら、リビングから見えにくい位置にパントリーを。食材のほか、家電類や毎日は使わない鍋類もすっきり収まります。

茨城県O邸のパントリー。
食材だけでなく、
器も収納。
オープンキッチンが、
すっきりきれいに
片付きます。

WORK from HOME

はかどる仕事は、
上手な切り替えから。

37 家中どこでも在宅ワーク

以前は在宅ワークなど考えられなかったため、家には集中して仕事ができる場所がない……、そんな人も多いはずです。それなら仕事スペースを固定せず、あちこちに設けてみては？　寝室の一角、廊下、階段の踊り場などに、小さなテーブルと椅子を置いて、ワークスペースに。日や時間によって場所を変えれば、気分転換にも。

例えばキッチンに、スツールや小さめのチェアを置けば、もうそこはワークスペースに。さまざまな場所で仕事をすることで、上手な気分転換も。

社会や働き方の変化で、すっかり世間に定着したリモートワーク。これからの住まいには、
仕事ができる環境づくりが欠かせません。大切なのは「オン・オフ」が上手に切り替えられること。
仕事が暮らしと共にある「ワークライフミックス」を実現してみませんか。

idea

38 集中したいときは「コーナー」をつくろう

夫婦二人とも住宅ワーク、という日もあるかもしれません。同じ部屋で同時にオンライン会議をすると、互いの声が入ってしまうなど、気になる点も。視線や音をある程度遮り、一人ずつ会議ができるコーナーがあれば集中できます。昼間空いている子ども部屋を活用するのも一案です。

左・岡山県F邸はキッチン奥の廊下にワークスペースを設置。
右・大阪府D邸。リビングの一角に140cm高さの仕切りを置き、集中できる空間に。

idea

39 仕事の書類はキャビネットにすっきり収納

在宅ワークを効率よく快適に進めるために、オン・オフを切り替えやすいよう、PCや資料などの仕事道具はキャビネットや収納ボックスにまとめましょう。可動式なら、どこにでも移動して仕事ができるだけでなく、終業時は片付けてきちんとオフモードに切り替えられます。大事なデータや書類には鍵付きの収納を使うと紛失や防犯面で安心です。

WORK from HOME
はかどる仕事は、上手な切り替えから。

idea
 窓辺のベンチで気分転換

リモートワークの魅力は、仕事場所を選べること。自然を感じられる窓辺も選択肢に入れられます。会社のオフィスでは難しいけれど、せっかくなら、緑が視界に入り、風を感じられる窓辺に気分転換するスペースをつくりたい。宿題をするお子さんと並んで座れる場所があれば、仕事の合間のさりげない見守りも可能になり、うれしいところ。

庭や空が見える「窓辺の居場所」を家のそこここにつくると、気分転換にも。

idea
 子ども部屋を時間差シェア

自宅に自分専用のワークスペースがない場合、子どもが不在の日中、遮音・プライバシーを確保しながら仕事ができる場所の選択肢になるのが「子ども部屋」。子ども部屋を親子で共有するワークスペースとして設定すれば、オンライン会議の音問題も解決。子どもが巣立つまでの間、みんなで勉強＆仕事ができる空間に。

idea

42

在宅ワーク中のブレイク・アイデア4

在宅ワークでは会社よりも自由に働きやすい半面、オンとオフの切り替えが意外と難しいもの。周りに誰もいないプライベート空間だと、仕事に集中しやすい分、気づけば休憩も取らずに何時間も過ぎていることも。はかどる仕事のキーワードは、「上手な切り替え」。自宅での仕事中に役立つ、4つのブレイク・アイデアをご紹介します。

1〉グリーンに水やりをする

最もポピュラーで手軽、癒やされる気分転換は、植物への水やりです。緑は目の保養にもなり、いのちあるものの世話をすることで自分にもエネルギーチャージ。

2〉ストレッチや軽い運動をする

体を伸ばすストレッチ、軽い筋トレは血行をよくし、肩凝りの解消にもなります。ほんの2〜3分、思い出したときに数回ずつ。同じ姿勢で固まった体をほぐして。

3〉座る場所を変えてメールチェック

同じ椅子に座りっ放しでなく、立ち上がって別の場所に移動するだけでも気分転換に。メールチェックは窓際でするなど、ブレイクのルーティンを決めて。

4〉5分の休憩で家事をしてみる

仕事の合間の休憩時間にちょこっと家事ができれば、暮らしがもっと楽に。例えば夕食のメニューを決めておけば、終業後すぐ買い物や準備に取りかかれます。

BEAUTY & HEALTH

日常の中に、
自分を大切にする習慣を。

idea
43

洗面室をメイクアップスペースに

自分を整えるための毎日のお手入れを、座ってしてみては？ 空間に余裕があれば、ちょっとしたスツールを置くと、いつものスキンケアやメイクを落ち着いて丁寧にできます。洗面台の上に置くものは、使用頻度が高い化粧品や香水などを厳選し、すっきりさせて快適な空間に。

上左・座れるカウンター付き。
上右・岐阜県I邸。アートを飾って、ゆったりとした気持ちで。
下・岡山県F邸。寝室に近い動線の洗面室をメイクルームに。

住まいは家族と心地よい空間を過ごす場所。それにはまず、あなた自身が健康でストレスなく過ごせることが大切です。日々のルーティンのなかに数分ずつでも、自分と向き合って体と心を整える時間、習慣を。体の内側からヘルシーであるために、住まいで工夫できることはたくさんあります。

idea
44 クローク機能のある玄関で、清潔に

玄関を入ってすぐにコートやバッグ、ランドセルなどを収納できるクロークがあれば、玄関がすっきり見えて片付きます。手洗い場を備えると、部屋に入る前に汚れを落とせて衛生的。姿見を置いてお出かけ前のスタイリングの仕上げもここで。スカーフや時計、アクセサリーも少し置いてみましょう。愛犬の散歩用グッズ収納にもなります。

岐阜県I邸。ここにコートを収納できれば、花粉なども部屋に持ち込まずに済みます。

idea
45 睡眠の質を高めるインテリア

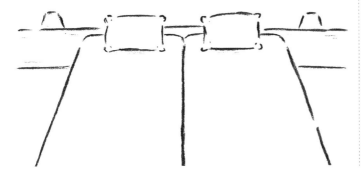

眠りの質が人生の質を決めるといってもよいほど、良質な睡眠は心身の健康維持に欠かせません。質の高い睡眠のためには、空間・インテリアを五感に心地よく工夫することが大切。シングルベッドを2つ並べて、睡眠中に互いの動きが響かないようにするのもアイデア。寝室の夜の照明は電球色でやや暗めに、遮音性が高い窓にする、適温、適湿を保つというのも効果的。

idea
46 ヨガやフィットネスにも。3畳のスペースをつくる

忙しい毎日、特に子育て中はジム通いの時間をとれないことも。そんな期間はリモートワークや家事の合間の数分、おうちフィットネスの習慣をつけて。寝室やリビング横、洗面室の家事空間などに、約3畳の余白があればヨガやストレッチができます。全身が映る鏡を置いて、姿勢や体形を毎日チェック。数分の積み重ねが健康ときれいをつくります。

epilogue

「自分らしい暮らし」ってなんだろう。
正解はないし、
誰かからの評価ではかるものでもない。
きっと、その手がかりは
自分の気持ちが
心地よいと感じるかどうかじゃないだろうか。

そうして積み重ねていく日々は、
「愛おしい」と思えるような、
自分らしさにつながっているのかもしれない。
誰とも似ていない
自分らしい暮らし。
この家族ならではの生活。
与えられる豊かさじゃなく、気づけばそこにあるような
ほんとうの豊かさを探してみよう。

本書では、積水ハウスがお客様の思いを大切に、
一邸一邸丁寧につくり上げてきた住まいと暮らしをご紹介しました。
本書を通じて、皆さんの暮らしの手がかりが見つかれば幸いです。

日々、機微。

積み重ねた時間がつむぐ"あなたらしい"暮らし

2023年7月27日　初版第1刷発行

著者　　　SEKISUI HOUSE　life knit design project

発行人　　ニコラ・フロケ

発行所　　株式会社ハースト婦人画報社
　　　　　〒107-0062 東京都港区南青山3-8-38 クローバー南青山5階
　　　　　電話049-274-1400（B2Cセールス部）
　　　　　www.hearst.co.jp/

印刷・製本　大日本印刷株式会社

アートディレクション＆デザイン　　Hd LAB Inc.
撮影　　　　　　　　　　　　　　　福本和洋（TAKMI Inc.）
　　　　　　　　　　　　　　　　　金子美由紀（Nacása＆Partners Inc.）
ライティング　　　　　　　　　　　鈴木康貴（バウ広告事務所／プロローグ、chapter扉、エピローグ）
　　　　　　　　　　　　　　　　　白澤貴子（chapter1、2）
　　　　　　　　　　　　　　　　　中島早苗（chapter3）
イラスト　　　　　　　　　　　　　shapre
図面イラスト　　　　　　　　　　　デザイン工房Haco
写真協力　　　　　　　　　　　　　SEKISUI HOUSE

©2023　SEKISUI HOUSE life knit design project
Published by Hearst Fujingaho Co., Ltd. Printed in Japan　ISBN 978-4-573-60131-4

定価はカバーに表示してあります。落丁本・乱丁本はお手数ですが、
弊社B2Cセールス部宛にお送りください。送料弊社負担にてお取り替えいたします。

●本書の無断複製（コピー）は、著作権法上での例外を除き、禁じられています。また、代行業者に依頼してのスキャンや
デジタル化を行うことは、たとえ個人や家庭内の利用を目的とする場合でも著作権法違反です。

life knit design

駒沢シャーウッド展示場HUE